파프리카를 먹는 카프카

시산맥 감성기획시선 052

파프리카를 먹는 카프카
시산맥 감성기획시선 052

초판 1쇄 발행 | 2020년 8월 31일

지 은 이 | 홍철기
펴 낸 이 | 문정영
펴 낸 곳 | 시산맥사
편집주간 | 이성렬
편집위원 | 강경희 안차애 오현정 정재분
등록번호 | 제300-2013-12호
등록일자 | 2009년 4월 15일
주　　소 | 03131 서울특별시 종로구 율곡로 6길 36,
　　　　　월드오피스텔 1102호
전　　화 | 02-764-8722, 010-8894-8722
전자우편 | poemmtss@hanmail.net
시산맥카페 | http://cafe.daum.net/poemmtss

ISBN 979-11-6243-131-3 03810

값 9,000원

* 이 책은 전부 또는 일부 내용을 재사용하려면 반드시 저작권자와 시산맥사의 동의를 받아야 합니다.
* 이 도서의 국립중앙도서관 출판예정도서목록(CIP)은 서지정보유통지원시스템 홈페이지(http://seoji.nl.go.kr)와 국가자료종합목록 구축시스템(http://kolis-net.nl.go.kr)에서 이용하실 수 있습니다. (CIP제어번호 : CIP2020035565)
* 이 시집은 교보문고와 연계하여 전자책으로도 발간됩니다.

파프리카를 먹는 카프카

홍철기 시집

* 본문 페이지에서 한 연이 첫 번째 행에서 시작될 때에는 〈 표기를 합니다.

■ 시인의 말

두려워서 싸워보지도 못하고 포기한 날들이 이어졌다.
세상과 한판 치열하게 부딪쳐야 속이 시원할 것 같은 시간이 쌓여갔다.
그래서, 힘들고 지쳐 하늘만 바라봤다.

다시, 일으켜 세워주고
어깨를 잡고 등을 두드려준 당신에게
이젠, 걸어가는 모습을 보여주고 싶다.

석양이 아름답다.
오늘 하루, 참 뜨거웠단 증거다.

2020년 한여름날, 홍철기

■ 차례

1부

자국 – 19
파프리카를 먹는 카프카 – 20
지구가 나보다 먼저 가고 있다 – 22
난독증 – 24
거미 – 25
모텔 밀라노 – 26
곁 – 28
의자 – 30
길을 묻다 – 32
비닐포대 – 33
도축일기 – 34
밤의 중독 – 36
설레임 – 38
모텔 시크릿 – 40

2부

보리차 — 45

마흔 — 46

가상화폐 — 48

유빙을 만나다 — 50

고양이 — 52

금일도 — 54

내가 용각산을 사랑하는 이유 — 56

마디 — 58

첫눈 — 59

하루 — 60

흑백사진 — 62

폭설 — 63

공현진여인숙 — 64

세느강에서 — 66

3부

얼음 – 71

지하철 – 72

달이 바다에게 – 73

미시리 – 74

커피믹스를 마시다 – 76

시안(Xi'an, 西安)의 숲 – 78

염화칼슘을 뿌려주세요 – 80

좌우로 흩어진다 – 82

싫어증, 실어증 – 84

아메리카 타운 – 86

풍선껌을 씹는 여러 가지 방법 – 87

휴가 안내문 – 88

커피를 볶다 – 90

철새를 만나다 – 92

4부

냉장고에서 잠드는 밤 - 97

황제를 위하여 - 98

가족관계증명서 - 100

칠불사 부처님 - 101

고 씨 할아범 - 102

꽃이 피다 - 104

노량진 - 106

현수막에 대한 변명 - 108

믿을 구석이 없다 - 109

혼자 레스토랑에 간다 - 110

말짱 도루묵 - 112

윤달, 개장 신고를 하다 - 113

심인 - 114

엘도라도 모텔 - 116

■ 해설 | 한용국(시인, 문학평론가)- 119

1부

자국

옷을 입다
문득,
떨어진 단추 자리

어디서 흘린 것인지
언제 내게서 떠난 것인지 모를

당신도 내 마음에
자국 하나로 남았다

벌어져 채워지지 않는
자리

바람 소리만
들어오고 나가는

오늘

파프리카를 먹는 카프카

색깔별로 출근하는 파프리카는 효능이 다르니 주의하세요
주황색 파프리카 안전띠를 두르고 면역 수치 안전하게 출발하는 월요일
수요일쯤이 되면 무기력해지는 당신을 위해 빨간색의 강력한 항산화로 무장시켜 줄게요
스트레스가 어깨에서 머리끝으로 월경하지 않도록 금요일 오후엔 노란색의 안전모를 쓰죠
파프리카 나의 파프리카 안전구호를 외쳐야 해요

파프리카 파프카 카프카
당신은 변신의 귀재
쓰임이 다르지만 어느 다리든 밀고 나서기 좋은 아침이죠
창문마다 눈뜨는 요리법을 커튼처럼 펼치고
지하철에서 파프리카를 먹는 카프카처럼 출근 중이죠

파프리카의 씨를 심어요
먹기 불편한 씨가 먹기 좋도록 무럭무럭 자라면

속 빈 일주일을 단단하게 보이도록
매일 매일 파프리카를 먹는 카프카
파프리카를 곁들인 카프[*]를 즐겨 먹는
불안하지 않은 나의 카프카

*3~10개월 정도 된 송아지를 말하며 조직은 붉은 핑크 색을 띰

지구가 나보다 먼저 가고 있다

걸을 때마다 물이 넘어지는 소리가 들려요
내 귀에는 물이 흘러요
아, 나는 물방울이에요
따로 움직이는 몸짓은 눈에 잘 띄어서
그날 밤 짧은 다리로 뒤척이는 걸 알았어요

다르다는 이유로 일생이 흔들렸던 사람
알고 있어요 나는 지금 물처럼 걷는 연습을 하고
세상은 흔들리지 않는 중심을 찾고 있죠

건널목 앞에서 절룩이던 시간은 어떤 색이었을까요
오늘, 말없이 가다 마주친 사거리에서
듣지 못한 말들이 아는 척을 해요
다리가 길어지면 긴 꿈을 꿀 수 있을 텐데
넘어지지 않게 붙들고 싶은 하루가 튀어나와
붙잡아 준다면 가능할까요

씩씩하게 내딛는 걸음에
내일은 물이 넘치는 소리로 가득할 거예요

늘 궁금했어요

나는 왜 지구보다 늦게 가고 있는 걸까요

난독증

구석마다 몰려다니던 먼지를 잡아들였더니
당신이었다

그 뒤편,
읽다 말고 놓인 책 한 권을 만났다
다시, 당신이었다

집어 든 페이지에서
그리움의 각도만큼
내 마음도 따라 접혀 있었다

누군가에게 접힌 마음이
끝내 펴지지 않는 밤은 깊어지고

이 밤의 유효기간이 얼마일까

난독의 시간이 겹쳐
온전히 펼쳐지지 않아
마지막 페이지를 덮지 못한 오늘

당신을 온전히 읽지 못한 내 탓이다

거미

펼치기 좋은 하늘이다
어제 배운 것들을 다 적어본다

써보고 지우고
뱉고 주워 담는다
그렇게 그물 하나를 펼친다

펼쳐진 하늘
그려 넣은 생각
그 사이로
넘나드는 바람

오늘은
누구 생각을 붙잡고
속속들이 읽어 볼까

모텔 밀라노

두오모 성당의 첨탑이 낯선 발자국을 반겨준다
성당이 성性스럽게 맞이하는 모텔
액자를 보는 것만으로
우리는 기도하는 자세가 되고
최후의 만찬을 즐기듯 여기에 있다

밀라노에 간 건 비 오는 수요일 저녁
비가 오면 장화를 신어야 한다는 여자의 말에
손을 잡고 장화를 사러 온 우리
누구도 묻지 않는 질문에 답을 준비한 밤
밀라노라서, 처음이라서,
밀려드는 어색함을 끌 수 없는 밤은 깊다

사지 않아도 산 것 같은 기분이 드는
여기, 언제나 비가 왔다
비가 오면 중독된 것처럼
비음으로 흘러나오는
밀라노
아, 밀라노

〈
죄를 씻어낼 수 없어 서로의 몸에 물을 부었다
당신의 몸에서 나는 물비린내가 좋아
너무 좋아 물이 되어 흐를 것 같아
당신은,
밀라노라서 가능한 일이라고 했다

물속에서 물처럼 흐르다 만난 당신
서로의 벗은 몸을 어루만진다
가본 적 없어
떠날 수도 없는 이곳

모텔 밀라노

곁

당신은
파도의 곁이 되고 싶다 했다

바람이 불던 날 손을 맞잡고 걷던
바닷가에서
문득 던진 그 말

누군가 곁에 있었으면
좋겠다

그 말이 밀려와
내 발목을 적셨다

어디서부터 온 지 모를 아득함으로
끝내 넘지 못할 기다림으로
파도의 곁이고 싶다

그냥,
그냥 있어도 된다는 그 말

기댄 머리를 바라보다
지금 내 어깨가 한없이
무거워졌으면 좋겠다

그대 곁을 더듬으며
한 호흡, 한 호흡마다
떨궈놓은 생각

당신이
밀려왔다 밀려간다

의자

한때는 이 의자도 빛나는 각을 가졌다

중심이 흔들릴 때마다 사각사각
시간은 각진 사연을 둥글게 깎아 냈다
한순간의 선택이 기울어진 길에 놓였고
나는 그 마음을 모른 척 등진 채 살았다

조금 더 깎아 내면 마음에 닿을지 몰라
제각각 다른 길 걸어와도 아픈 발처럼
모르는 내일이라도 성큼성큼 떠나봤으면
가늘어지는 머리칼이 빠질 때마다
묵주를 색칠하며 떠나는 밤의 시간은 깊어졌다

수시로 저만큼 떨어진 탱자나무에서 바람이 불었고
의자는 가시에 찔린 듯 묵묵히 웅크렸다
더는 각을 세우지도 않았고
이제는 내가 다가가 괴어놓은 시간이 늘어갔다

흔들릴 때마다 흔들린 자리에 더 마음 가는 일

눈잎에서 가늠할 수 없는 햇빛의 각도 뒤로
문을 닫고 떠나는 것들이 많아졌다

이제,
빈 의자에 내가 앉는다

길을 묻다

  나는 때때로 별첨했다 머리맡에선 모하비 사막 구석으로 몰려다니던 마른 당나무풀이 자라나 불면이고 발끝에선 우기를 맞은 세렝게티 초원이 꿈처럼 범람했다 밤새 나에게 붙여진 각주를 찾아 떠났다 해독할 수 없는 해설로 길은 자주 갈림길에 섰다 서 있는 길마다 비가 내렸고 젖은 생각이 무거워 종종 지도를 놓쳤다 낙타의 혀로 감아올리는 노을을 등 뒤에 두고 고개 숙인 시간은 계절을 몰고 왔다 나는 사막의 모래를 만지듯 상처의 기억을 쓰다듬지 않았다 그해 여름, 어깨에 난 상처가 흉터로 남았다 건기의 모하비 사막과 우기의 세렝게티 초원처럼 마르고 범람하던 시절 뜨거운 흉터 사이로 그대가 떠나갔다 먼저 간 발자국을 더듬던 그 계절엔 걸음마다 지워졌다

비닐포대

바람이 너무 좋아,
어딘지는 모를 곳으로 떠나는 꿈을 꿨어
그때, 우리는 차곡차곡 쌓여 새로운 곳으로 떠나는 가방처럼 있었어
모두가 여린 속살을 보여주진 않았지만,
내 거친 얼굴과 포개진 몸 위로 신음하는
바람이, 바람이 너무 좋아,
호흡하기 어려워 안에서 무언가 나를 표현하고 싶어
나는 토할 것 같은 하늘을 바라봤어
떠나는 거야, 다짐도 하고. 여기서 할 일은 무언가를 담아봤던 거
아픈 추억 하나 없는데 처진 가슴이며, 배며 언제 낡아버린 걸까
바람이 햇살을 등에 지고 나를 때리며 깨우기 전까지
나를 뭐라 불렀던 걸까

허공으로 날아오르는 독수리를 꿈꿨던 이야기
아무도 해주지 않았어
다시 태어난다면 조금 더 가볍게,
떠오르는 웃음소리 가득한 허공에서 살아갈지 몰라

도축일기

여기는 하루하루가 강호江湖
햇빛의 신선한 속살을 저미며 볼까

지금은,
힘줄의 긴장감이 무럭무럭 자라는 계절
시시각각 다가오는 칼날 같은 오늘이라면
세상은 더욱 소란할 테지

내가 아는 칼은 아버지의 아버지가 물려준
내리긋거나 올려 치거나 옆으로 저미는 법
세 갈래 길이 핏빛의 침을 흘리고
누구도 돌아보지 않는다

자객의 피를 물려받은 건지 몰라
아주 오래전,
소리가 소리를 잡아먹는 두려움을 끌어내는 법을 배웠다
과적으로 침몰 중인 비릿한 식욕은 누굴 닮아가는 걸까
오늘도 굳지 않는 핏물을 빨아먹는 꿈을 꾼다

〈
처음인 듯, 아침이 되면
같은 자세로 칼을 들고 마음조차 발라낸 손
굳은살을 각인한다

구덩이를 파고 피 묻은 칼을 묻은 자리
꾸덕꾸덕 말라가는 내가 있다

밤의 중독

떠나기 위해선 먼저 만나야 해요
오늘, 내 마지막 브레이크를 밟아 줄
당신이었으면 하는 밤이 와요
도로를 달리며 불야성인 라스베이거스를 생각하죠
혈관이 부풀어 오르고 목구멍 깊숙이 술병을 처박고
내 몸에 흐르는 피는 끓어오를 수 없는
온도에 발이 묶이고 여전히 당신이 나를 지배하는
밤이에요

잠들지 않는 떠날 수 없는 여기
라스베이거스에선 나를 반길 간판들이 취할 수 있도록
소리를 지르며 달려가죠
우리는 떠나기 위해 만났지만,
지금 마시는 술병엔 돌아오지 않는 시간 몇 모금
술잔을 쥔 손과 바라보는 눈빛은 아는 사이였을까요

(언제 중독되었나요)
(우린 모두 중독자야)
(당신은 사랑을 믿나요)

(넌 무엇에 중독되었는지 알 것 같아)

당신은 왜 그렇게 사냐고 묻지 않았죠
중독이란 서로의 등을 볼 수 없는 걸
뒤돌아서는 순간 라스베이거스를 떠날 겁니다
여기는 중독될 수 없는 밤이 길어요

설레임*

점선을 경계로 벗겨내는 포장지 같은 이별은 없어
자칫 한걸음의 어긋남이 아찔한
아,
눈을 감게 만들지

왼쪽으로 밥을 먹는 나는
같은 손으로 악수를 하고
가본 적 없는 인도에선 인사가 안 될 일
설명서를 읽지 못한 아이스크림은 두 손 가득히
어느 손도 양보할 수 없는 하루를 보내고
태양은 가득히 녹아내리는 나
먹는 손에 모든 의미를 부여하는 너

갇힌 것들은 언제나 떠날 준비를 하지
이별을 앞두고 단단해진 냉기가 차갑게 쏘아보고
떠난 이후는 중요하지 않아
나는 정박할 수 없어,
절박한 하루로 녹아 버리고
떠나는 순간 셀레임을 기억해

얼지도 녹지도 않은 너의 어정쩡한 눈빛
다시 보고 싶어
길가에 두고 올까 고민하는 발걸음

녹아 버린 아이스크림을 먹듯
점선을 따라 걷지 않는
셀레임 없는 하루

*원하는 만큼 취식 후 재보관할 수 있고, 내용물이 묻지 않는다는 장점과 빨리 먹기 힘들다는 단점이 있는 치어팩 타입의 아이스크림.

모텔 시크릿

이곳은 밤이다
마음이 저물어 밤인 곳
듣지 못한 다짐을 놓고 떠나는 사랑이 있다

내가 들고 있는 표가 편도란 걸 알지 못한 시절
분분히 떨어지는 꽃잎을 밟고 걸었다
걷다 멈춘 발길이 구석에 흘린 글자에 걸려 넘어진다

돌아가고 싶다
바닥에 적힌 이야기가 나를 덮고 눕는다

지금은 밤일까
내일은 하얀 재만 남을까
무수히 보낸 안부는 돌아오지 못한 채
몸 어딘가 새겨져 있는 흉터로 아프다

여전히 꽃이 될 수 없을까
피었다 진 적도 없는데
여전히 나는 밤이고 보이지 않는다

묻고 답하지 않는
그래서 말없이 내게로 온 것들을 잊었다

암호처럼 우리는 서로를 해독하다
너를 눕힌 언어 위로 내가 눕는다

몸보다 말이 먼저 더듬는 밤이다

2부

보리차

주전자에 물을 담아
보리 한 줌 집어넣는다

그대 심장에도 물이 있어
하고 싶은 말을
한 줌 넣어두고 싶다

푸른 보리밭 사이
걷다 돌아보며 건넨
함께하자
알알이 굳건한 말

끓어오른 물은 물빛을 잃고
내가 건넨 말의 빛으로 물든다

물이 보리차가 되는 시간 동안
굳건했던 말이 진하게 우러나
나는 그대로
그대가 된다

마흔

그대 곁에서 할 수 있는 일이란
늦은 저녁 밀어지는 해를 따라 저물지 않는 일

떨어지는 낙엽 하나
발가락을 물며 채근하는 밤
그래, 가끔은 발밑의 것들에게도 안부를 전할걸
시선을 따라 거두는 이른 발걸음
여기, 마음에도 선산이 있어
그대 그림자까지 묻고 돌아서는 길

나는 떠날 수 없는 송진의 끈적임에 갇혀
구름처럼 흩어지는 그대를 모르고
당신을 종종 바람에 맡겼다

그대와 내가,
훗날 어느 순간에 닿으면
뭐라고 불러야 할까
인연이리 읽는 편지는 낮과 밤을 모르고
소리 없이 보는 눈빛은 차고 습해

입은 옷이 자주 두터워졌다

그대 보내고 해보는 일이란
근처 한 줌의 흙을 집어 쌓아 올리는 일
해를 따라 저물지 않고 꾹꾹 눌러 다져놓는 것
돌아보면 반쯤 건너다 만 것 같은 다리에서
나지막이 불러본다

두고 왔던 길이 너무 멀다

가상화폐

지금은,
쇳덩이 조각이 황금의 계단으로 바뀌는 기도의 시간
올라가길 원하는 사람들이 모여 눈만 깜빡이는
피라미드 정점에서 서 본 사람들은 알까

난 매일 밤 보름달을 먹는 꿈을 꾼다

광부가 채굴하는 시간은 깊어
숫자들이 가득한 쟁반 위로
누군가 다가와 금가루를 뿌린 스테이크를 썰어 먹는다
잠들기 전까지 먹어도 줄지 않는,
지금은 갱도를 벗어날 방법을 알지 못한다

담장 너머 보이는 달무리가
쫀득한 황금을 늘린 거라고 믿던 계절
잡히지 않는 믿음으로 쌓아 올린
이곳은 피리미드

〈
계단에 미쳐야 다다를 수 있는
무엇이든 캐내야 하는 생각으로
건넨 질문에 건너지 못하는
사람의 이야기가 떠돌고 있다

수학적 1과 2 사이
보이지 않는 틈 사이 엎드린 나를 통해
보지 않아도 태양이 지고 황금이 떠오르는
이야기를 만날 수 있는 곳
여기,

떨어진 동전을 뒤집으면
엘도라도를 찾아 갱도로 향하는 내가 있다

유빙을 만나다

길을 붙잡는 사람들의 인사법은
언제나 위험하고 빛났으며 슬펐다

지금,
당신은
한 척의 쇄빙선

이제는 돌아오지 않는다는
편지를 남기고 떠난,
얼음의 길을 부수며
건져 올린 일몰의 인사법을 배운다

누구는 고개조차 돌리지 않고
바다를 흔들며
앞으로, 앞으로 갈 때
나는 뒤에 남아 떠나가는
석양의 어깨를 배웅했다

더는 따라갈 유빙이 없어

눈보라의 울음으로 지쳐 삼느는 밤

내 안에 잠든 당신이
조금씩 얼음 속에서 떠나려 한다

고양이

헤어지기 좋은 날
나만 좋아하는 놀이를 할까
공중에 매달린 그대는 내 사랑
잡아채야 하는데
잠든 권태가 하품으로 깨어나는
시詩적인 눈빛 무엇인가 궁금해지는
변경을 넘어 온 현재는 같이 살고
그래서 나와 너는 같은 집에 살고
이별은 꼭 밤에 해야 하는 건
알지 못하는 시선도 두렵지 않아서
눈동자가 무서운 건 누구의 잘못도 아니야
미루고 미뤄야 하는 약속 따윈
하늘로 튀어 오르는 공 같아
보지 않으면,
이제 그만, 안녕

한 발 한 발 나를 드러내줄까
줄다리기하고 싶은 사람만 좋아하는
나와 매일 헤어지는 놀이가 좋은,

혼자서만 환하고 덤덤하지 않은 하루
고양이처럼 튀어 오르고 싶은
멀지도 가깝지도 않은 하루
헤어지기 좋은 하루

금일도[*]

단아한 백자 사기그릇 위 정갈하게 놓인 반찬처럼
조개와 모래 그리고 몇 그루의 소나무가
큰 소리 내지 않고 살아가는 곳
햇빛에 몸을 맡기고 뒤척뒤척
젖은 생각도 같이 말리면
더불어 심호흡 편안해지는 오후
그곳에선 이유도 모르고 내달렸던
사춘기 같은 세찬 시절의 바람을
온몸으로 다 안아줘야 하지만
상관없다
비릿한 안부 안주 삼아 막소주 한잔에도
쉽게 어깨를 펼 수 있는 밤과
쳐다보면 부끄럽다고 구름 사이로 숨어버리는
첫사랑 같은 달빛
살아온 날들 살아갈 날들에 푸른 밑줄 그으며
잊지 말자 다짐받듯 푸른 솔잎 몇 장 건네주는
착한 소나무 같은
그대가 있는 곳

〈
그곳에 가고 싶다

*전남 완도에 있는 섬으로 평일도로도 불림.

내가 용각산을 사랑하는 이유

흔들려도 소리 나지 않을 순 없을까
살아가는 동안 고민했죠
저 은빛 갑옷 속 말語을 숨긴 기사처럼 말에요

길을 가다 아무나 붙잡고
'어 저기 있잖아요'
'이건 비밀인데요' 라며
슬며시 건네지는
뭐 그런 순간 있잖아요

침묵보다 무거운 비밀이 궁금해요
마지막 말은 이렇게 하고 싶어요
무거우면 가라앉고 가벼우면 흔들리는데
흔들리다 가라앉아 내 사랑은
알 수 없는 현재라고

이 소리도 아니고 저 소리도 아니고
아무 소리도 아닌 말語만 흔늘리는 여기

〈
그래요
흔들려도 소리 나지 않을 수 있다면
끓어오르는 사랑 따윈 무섭지 않아요

마디

추수가 지난가을의 들판
벼는 드러누워 있다
마른 몸으로 견디는 바닥의 한기
벼의 마디를 본다
어린 알곡 잘 여물 수 있도록
한세상 떠받쳐 주던
마디의 힘
지나온 시간이 생생하다
품었던 알곡 세상에 다 내어놓고
누워있는 들판에서
어머니의 손을 잡아본다
요양원에서 본 어머니의 손마디
나처럼 부실한 알곡
조금 더 여물게 세상에 내보내려
떠받쳐 준, 마디마디 누워있는
고요한 숨 속

아직 덜 사란 내가 누워 있다

첫눈

당신 곁으로 쌓이지 못한다
지금,
세상엔 너를 부르는 무성한 말이 날리고
추억의 수액을 조금씩 떨어내는 밤

나도,
언젠가 당신 곁에서 함께 걸을 수 있을까

서걱서걱 발자국이 남긴 후회로 사라질 동안
그 자리엔 마치 처음처럼
다시 바람이 불고
나는 당신 곁에서 쌓이지 못한다

하루

바람의 틈을 벌려 줄을 걸었다

메마름이 계속되고
스쳐 가는 소리도 떠나버리자
누군가
출렁,
가장 슬픈 자세로 하늘을 바라본다

이런 날은
돌아서 떠나기 좋은 때란 걸
한때
나도 누군가에게 걸려
붙잡히고 싶었던 적도 있었다

촘촘하지 못한 걸음으로
가는 숨만 몰아쉬다
머무르지 못하고 떠난 기억 뒤

처마 밑이나 전신주 끝에 서서

당신이 내어주는 틈으로
느리게 가고 있다

줄과 줄 사이
당신이 스쳐 간다

흑백사진

어릴 적 아버지가 받아오던 회색 봉투
봉투를 기다리며 어머니가 받아둔 막걸리 냄새를 맡지
나는 두부 한 모 사러 가야 해 가다가 잊지 않고
신문지에 둘둘 말려 고소하게 팔려 가던 통닭과 눈인사만 하지
통닭집 건너편 골목식당에서 일찌감치 들리던 춘자 이모와 아버지 노래를 듣네
노래와 막걸리가 먼저 준비된 골목
선수를 빼앗긴 어머니와 나는 아버지를 찾아
머리채를 움켜쥘 준비를 하고 달려가지
만나고 싶어 우리 가족 모두 함께 있던
골목 끝

그곳에 기다리던 흑백사진 한 장

폭설

그녀가 웅크린 채 알을 품고 있다
세상 모든 새끼는 모르는 알의 시절
모든 걸 안아 품는다는 걸 그때 배웠다

가느다란 날개 밑
벌린 입으로 받아들일 준비가 된 것들 사이로
지금은 따뜻한 온기를 마시는 중이다
외출 중 표지를 내걸고
세상 밖에 내밀어져 아릿하게 저리는
유선乳腺을 따라 걷는다

흘러넘치는 미간 사이 안간힘으로 쥐어짜던
일생一生처럼 선명한 숲을 본다

마주 서서 돌아보면 흔적 없이 사라지는
길 위엔 다독이는 눈빛처럼 이야기가 내리고
그렇게 막았다 다시 여는 기억 위로
새록새록 잠이 들고 싶은 밤

젖을 물리던 기억으로
끝없이 쌓이는 내가 있다

공현진*여인숙

넘쳐야 채워진다는 걸 알았다
언제부턴가 담아 둔 하늘
나는 오늘도 넘쳐나는 하루를 어쩌지 못했다

그댄 부르며 오고 나는 종종걸음으로 바라보고
내 인사는 빈 병에 담겨 소식을 전했지만 들을 사람이 없죠
기다리다 지친 날엔 백사장에 그리운 이름을 적다 잠이 들 테죠
나는 잠들어가는 것들을 잊지 않으려 다시 바다로 가요

여기는 공현진 7번 국도 끝
더 올라갈 방법은 없고 머물다 보면
누구나 침 한번 뱉었을 만한 골목을 만나고
그렇게 흘린 침들이 거품을 품은 채 나를 바라봐요
버리고 온 것과 안녕이라고 말하지 못한 것 사이

아직은 잠들지 못한 불빛

나는 아직도 이곳에 있다고
모래 위에 써 놓은 글자를 지워봅니다

골목의 골목까지 밀려난 바다
마주친 울음소리가 밤새 밀려오는 여기,
올라갈 곳이 없는 막다른 바닷가에서
막막하게 밀려드는 아버지,

여기, 공현진

*강원도 고성군 죽왕면에 있는 마을. 한국전쟁 이후 북한의 북고성과 남한의 남고성으로 나뉘었으며 조금 더 올라가면 통일전망대가 있다.

세느강에서

우리,
눈 오는 날 세느강에서 만나자
지금 이곳엔 눈발이 노래로 흐르고
당신 있는 그곳엔 닿지 않는 소리일까

그대는 낯설음을 좋아하고
나는 익숙함이 두려운 날
세느강의 눈발 사이로
좋아해서 두렵게 서 있는
서로를 바라보자

눈은 내일 없이 흘러
이야기로 쌓여가고
눈이 눈물로 그렇게 뚝뚝
저물어가는 저녁
이 바람 찬 눈발 속에서
우리 떨어진 시간만큼
세느강변을 따라 걷자

〈
걷다가 마주친
이름 모를 것들을
하얗게 새로 칠하는 순간
잊힌 약속이 끝없이 뛰어들어
반짝이는 은빛 별들로 가득 차도
당신을 만난 세느강에선
아무것도 넘치지 않는다는 걸 안다

이 밤,
긴 손가락을 바라보는 사이
눈이 내리고 그칠 수 없어 보이는 게 다인
그대 뒤로
천천히 하루가 지나간다

3부

얼음

입안에 넣어 한번 굴리자
너는 바짝 선 눈초리로 잔뜩 웅크린다

쩍하고 입천장에 달라붙는
서늘함이라니

얼마나 많은 말을 참았기에
이렇게 차가워진 것일까

마음을 숨기고 낮게 가라앉아
흐르지 않는 법을 배웠다

호흡을 파내 길을 남기고
그 길에 누워 잠들어 있는 너를 만난다

지금, 내 안에 누군가 앉아 있다

지하철

잠시 전, 내 손은 당신의 심장에 매달려 있었죠
수묵화를 그리듯 천천히 당신의 사연을 움켜쥔 손
사연은 고리 끝에 매달려 달려갔어요
흔들리는 건 중심이 있기 때문
누군가 지른 불에 무작정 뛰쳐나간 밤마다
돌아오지 않는 당신을 생각해요
시간에 발판 끝에 서서 목적지를 생각하는 동안
습관처럼 기울어진 고개
'오늘이 출발합니다' 들려오는 안내방송을 따라
나는 이 행성의 마지막 인사를 나눕니다
언젠가 자연의 품으로 돌아갈 지팡이와 가방을 보는 동안
　지하철에선 정해진 시간마다 떠나는 사랑을 만납니다

달이 바다에게

당신의 숨소리는 빗소리에 삼켜 있고
내 눈은 빗물의 어깨 뒤에서 당신을 따라간다

시간은 떠나기 전 쥐어 본 열차표
손에 들고 선택하지 못하는 발걸음
미처 살아보지 못한 후생後生의 그림자로 짙어지는 밤

거리가 줄어들지 못하는 건
시간을 지나쳐 버렸기 때문
나는 당신을 건너편에 놓아두고
가슴엔 못다 한 이야기를 앉혀 두고
내리는 빗방울엔 깊은 숨소리만 들려온다

미안해
당신이 내게 안부를 묻자
나은 당신을 온몸으로 품었다

당신이 내 안에 깊고 넓게 물들어 간다

미시리*

장날 아내에게 줄 청포도를 샀다

집 앞에 심을 꽃이라도 살 겸 나간 양양 장날
친구와 기분 좋게 술도 한잔 걸친 날
우리 집 진순이가 임신했다
하, 동네 건달 녀석 하나 며칠째 어슬렁거려 쫓아냈는데
상심이 술을 부르고 욕지기가 나오고
이놈의 자식을 어찌할까
우리 예쁜 진순이 내가 어찌 키웠는데
이 미시리 같은 건달 놈이 아이고 야,
반쯤 풀린 눈동자 속 막걸리만 가득한데
심으려던 꽃은 못 사고 첫 아이 임신하고 먹고 싶다던 청포도
뭐가 바빠 못 사줬는지 미안함에 자꾸만 사 들고 오자 묻는다
당신 그거 알아요
나 첫아이 가지고 친정아버지 왔을 때
당신 보고 미시리 같은 놈이라고

마누라 먹고 싶다는 것 하나 못 사 다 준다고,
순 날건달이라고

아내 말에 화답하듯 나만 좋아하는 우리 진순이
청포도 같이 시큼하게 참 알알이도 짖어댄다

*미시리는 강원도 영북지역의 사투리로 '머저리', '바보'를 뜻한다.

커피믹스를 마시다

오늘 하루
중간마다 마음이 울컥거려
제대로 섞이지 못한 관계는
종이컵 위에서 거품으로 태어나요
지금, 우리 관계는
거품 위 거품 속
어디쯤일까요

그대는 가라앉기 전
저어줘야 향기가 나고
나는 지금,
싸구려 향기를 버리고 싶죠
미지근하게 전해지는 나른한 하루란
몸과 마음이 제각각일 때 나는 맛

믹스란 나와 당신을 섞는 일
커피는 우리를 위해 준비된 하루
이 둘을 합쳐 현재를 마셔요

〈
국경 넘어 입국을 준비 중인
아라비카와 모카 형제를 위해
혀끝으로 전하는 안부
후하고 불면
남는 건 미처 다 스며들지 못해
언젠가 드러날 유혹

이제, 그만
떠날 준비 되셨나요

시안(Xi'an, 西安)*의 숲

진시황과 양귀비를 처음 만나러 간 시안^{西安}의 숲에서 길을 잃었지
나는 어쩜 소매치기를 당했는지 몰라
당신은 시인의 숲에서 살고 있는데
나는 지금 소매치기를 조심해야 하는 시안^{詩眼}에 있지

비석들이 우리를 뭐라고 새겨줄까
명명할 수 없는 여행객들 사이
지도를 마지막으로 보던 시인, 시안에 머물다

시안에선 알을 깨고 나온 사람들을 볼 수 있지
모두가 모여 앉아 젖을 물리는 상상을 해
뻐꾸기는 남의 둥지에 알을 낳는다고,
내 시는 너의 둥지에 두고 나온 알

나는 여전히 시안의 숲에서 길을 잃고
또다시 소매치기를 당한 거라 생각하지
당신은 시인, 시안^{時人}의 숲에서 살고

나는 주위를 돌아봐야 하는 시안에 있지

비림^{碑林}에선 젖을 물릴 수 없어
굳어진 흙으로 다른 곳에 알을 낳고
나는 잃어버린 거라 생각하는 시안을 찾아
아무 둥지나 헤집고 다녔지

여기는 일생 소매치기를 조심해야 하는
시안의 숲

*중국 산시성 시안으로 산시성의 성도. 중국 역사에서 장안(長安)이라는 이름으로 불려왔다. 인근에 진시황릉이 있으며, 북쪽의 비림(碑林)에는 당·송(宋)나라의 고비(古碑)가 많이 보존되어 있다.

염화칼슘을 뿌려주세요

오늘,
녹지 않는 관계가 남아 있어요

무너진 블록처럼 정리되지 않는
내일에 대한 설명서를 구할 수 없는
이렇게 퇴근하는 길은 미끄러질 수 있어요

기상 캐스터 목소리는 폭설처럼 내리고
적설량만큼 다 녹지 않을 내일과
그녀의 추운 다리가 얼까 봐 걱정되는 오늘
그 사이를 걸어가요

출근길에 먼저 떠난 사람
손을 흔들어요
부러운 마음에 앓아눕는 순간이 오면 알까요
머리에 묶은 넥타이는 사용법을 모르지만
틀리는 기상예보처럼 알 수 없는 아침이라도
시작은 해야 한다는 걸요

〈
일기예보를 물어보는 오늘의 발걸음 사이로
내일은 얼지 말자 다짐받듯
토닥토닥 튕기듯 전해주는 말
들리지 않나요

아직도 녹지 않은 관계가 한가득합니까?

좌우로 흩어진다

시간당 칠천 원짜리 하우스일
딸기 꽃잎을 따다 우측을 딸 것인가 좌측을 딸 것인가
한번은 좌측, 한번은 우측
이렇게까지 중심을 잡아야 하나
열매를 맺기까지 중심 모르고 피는 꽃
그렇게 따는 일이 먼저란 걸 종종 놓쳤다

시를 쓰다 내가 쓰는 글이
문득 좌측 정렬로 나를 볼 때
나는 언제부터 좌파였나
생각하지 않고 거꾸로 찬 시계
시간이 뒤에서 쳐다보고 가듯
초침은 그래서,
그렇게 간다고

시간당 칠천 원짜리 하우스 일이나
한편에 얼마짜리 시를 쓰는 일이나
손끝에 와 맺히는 일
행간을 맞춰 꽃잎을 따고 시를 쓰고

각 잡을 일 없이 살아 각 안 나오는 내가
그래도 먼저,
무릎 꿇지 않겠다고
쪼그리 작업 의자에 앉는다

딸기 꽃잎 하나 떼어내자
웃자란 생각도 떨궈진 듯 뿌리가 흔들린다
작업 의자에 앉힌 내 의지가
단어 하나를 잡고 놓지 못한다

자꾸만 불편한 듯
좌우로 흩어진다

싫어증, 실어증

 날개 잃은 모기는 아무런 소리를 내지 못한다고
 엎드려 숫자를 센다 하나 둘 셋
 기억이 숫자만큼 늘어간다 잊기 위한 싸움에서 나는 늘 진다

 지기 위해 스파이가 된다 싸우는 것을 싫어하는 나는 평화주의적 레지스탕스
 조용히 걸어가는 모기는 무섭지 않다고 아니 무섭지 않은 발걸음이겠지
 분명 어두운 골목에서 만나지 않았다는 데 한 표
 모기가 날 때 소리가 나지 않는다면 죽이려 하지 않을지도 모른다는 말
 소리 없이 사는 모기는 싫어증에 걸린 거야
 말을 잃어버린 게 아닌 날갯짓을 하기 싫어하는 너
 날개가 젖어 있거나 아예 없거나 그 둘 중의 하나
 젖어 있는 것과 아무것도 없는 내 앞에 놓인 둘 중의 하나

 머리꼭지부터 머리카락이 빠지듯 허전한 일

빠진 머리카락을 쓸어 모아 태우면서 생각했지
　죽음을 앞에 두고 젖은 날개를 말리고 새로운 날개를 달아 볼 용기
　저 날개의 소리가 죽음을 물게 하는 미끼
　너는 내게, 나는 너에게 말했다

　'조용함이 널 살렸다'

아메리카 타운

 미스터 존슨에게 나를 보여줬다 존슨은 내 머리카락을 자꾸 펴보았다 정작 펴고 싶은 미소는 보지 않았다 지나는 사람들의 손가락 사이로 어제가 스쳐 갔다 나는 숨는 연습을 했고 '못차게지 푀고리' 어설픈 발음이 동네를 맴돌았다

 마디가 굵어지면서 바람 소리로 돌아다녔다 바람 빠진 공처럼 튀어 오르진 못했지만 더 이상 누구도 안녕을 묻지 않았다 밤마다 형광색 음악과 함께 시작하는, 어디서도 보이지 않는 식사를 한다

 어설프게 부풀어 오른 달처럼 짐을 싸고 울었다 나는 버리지 못한 책가방에 시선을 두었다 슈퍼맨의 S가 새겨진 힘을 가지고 싶다고 적은 일기장을 버렸다 존슨은 술잔으로 탑을 쌓았고 쌓인 탑만큼의 날들이 사라졌다

 굵어질 손의 마니를 꺾었다 폭죽처럼 환하게 터져 나오는 소리가 들릴 때마다 어른이 되는 거라고 믿었던, 아메리카 타운엔 내가 산다

풍선껌을 씹는 여러 가지 방법

풍선을 앞에 두고 누가 더 크게 불까
입안 가득한 풍선 확 터트려 버릴까
세상이 점점 커진다 불안도 함께 자란다
자라기 시작한 불안의 구멍을 들여다볼 용기는 아직 배우지 못했다
풍선과 나 사이 저 구멍이 없었더라면
노래도 흥얼거리고 헤어지기 싫어 더 힘차게 분다
아슬한 경계를 타고 흐르는 타액 금지된 사랑
모든 금지된 것들은 불면 날아가 버리는 하찮게 빈 곳이지
언젠간 터질 거야 씹기만 한 풍선껌 아무리 불어도 하늘로 날아가지 않아
곁에 두는 건 간단한 공식 하나면 돼
일단 다시는 안 볼 것처럼 가열차게 씹을 것
단물은 단 한 방울도 흘리지 않게 수시로 빨아들일 것
소리는 그날의 컨디션에 따라 조절할 것
수지*를 좋아하는 나
얼굴 가득 나를 덮어줘
인공의 향기에 취한 날들 부풀어 오른다

*천연치클 대신에 풍선 껌용 인공수지를 사용하기 때문에 일반 껌보다 더 잘 불어지는 것이다.

휴가 안내문

오늘도 마법 같은 하루입니다
이런 안부로 깨어나고 싶은 오늘

전 은빛 기사가 되고 싶은데 여긴 너무 외진 곳
기사는 반짝이는 갑옷을 입어야 하고
여긴 구석져 누구도 봐주지 않아요

겹겹이 쌓인 생각이 녹슬어가는 이 세계
이름 모를 새와 벌레도 각각 제자리를 벗어나지 않아요

소행성을 벗어나기 위해 선반 위
치수대로 적혀 지내는 호빗 닮은 남자
고칠 것 많은 사연, 줄을 서 몰려오지만
규격화된 고민만 해결 가능한 이곳

마지막까지 기웃거리다 돌아서는 당신
지저귀는 소리에 가만히 귀 기울여 주세요
새는 더 이상 쇳소리를 내지 않아요

〈
바꿔야 할 일상은 부품이고
하루하루 주고받는 것 외엔
말 없는 새가 되는 남자

여긴, 살다 보면 어느 한 부분
고장 나야 올 수 있는 소행성입니다

휴가를 떠나요 단 한 줄,
한 줄로 살고 싶은 오늘입니다

커피를 볶다

생두를 볶아대자
푸르던 시절이 다 지나갔다는 듯
검게 그을린 얼굴을 내밀며 열기가 가득이다

비릿한 발걸음이지만
그만큼 볶였으면 무슨 향기라도 낼 것이다
생두가 원두가 되는
성을 갈아엎는 패륜의 시간이 지나면
낮은 자세로 뜨거운 세례를 받고
우리 이제 그만 죄를 뉘우치자

뜨거운 햇살 아래
빈곤한 손에 지은 죄가 얼마인가
한 잔의 여유를 곁에 두고자
저렴한 생계를 끌고 온 사연은 또 얼마나 마실 것인가
절절하게 내려지는 물로
씻어도 사라지지 않고 퍼지는
가난한 햇살 한 줌의 향기에 취한다

〈
거르고 남은 찌꺼기는
후회하는 하루를 건조하며
슬프게도 끝까지 남아 굳어진다

아프리카 어느 가난한 농장의
작은 심장이
뜨겁게 내 목젖을 따라 내려간다

철새를 만나다

문득 뭇별들의 제자리걸음이
그렁그렁한 눈물을 머금게 하는 밤
안개 속 방파제는
육지로 난 길 인양
어서 나아가 보라며
건너가 보라며 나를 부르는데
엉겨 붙어 나를 말리는 바람
그래도 살아야 하지 않겠냐고 울먹일 때
빈 껍질만 남아 뒹구는 희망
피난민처럼 몰려왔다

이젠 진짜 떠나고 싶은데
갈 곳이 없는지 멍 자국 같은 사연
하나둘 모여 불을 밝히고
마을을 이루고 그래서 한세상
어우러진 잡풀처럼 흔들릴 때
알고 있었다 저마다 소금에 절인
마음 한 다발씩 묶어 쌓아두고 있음을

〈
맨정신엔 타오르지도 못했던
마음 불쏘시개 삼아
한 잔 두 잔 마신 술에
취하기는 바다가 취하고 끝내
바락바락 악을 쓰며 달려들다 고꾸라지며
살아야 하나
이어지지 못하고 부서져 되돌아가 버리는 말
담뱃재 떨듯 매일같이 칭얼대는
희망쯤이야 쉬이 떨어내면 그만이라고
말보다 먼저 떠난 파도가
게거품을 물고 쓰러질 때,

저기 저 봉두난발 한 바닷바람
사이 위태위태하게 날아가는
철새
한 마리

4부

냉장고에서 잠드는 밤

내 안에 늙은 사자가
지친 울음소리가
지독한 떨림으로
나를 바라보는 늙은 눈빛이
숨소리 하나 내지 않고
차가워지는 법을 배우는 시간
하나둘 불을 밝히며
안부를 지나치는 사람 사이로
한쪽 눈을 감아 본다
때로는 늙은 갈기를 세워도
무작정 마주친 과식의 흔적이
더는 과속을 허락하지 않는 밤
오늘은 한쪽으로 쏠리지 않는
긴 잠을 잔다

황제를 위하여

가파른 황제펭귄의 다리는 바다를 향한다

마음을 나누는 허들* 60일째
서 있는 다리는 시간을 모른다
나는 지금,
너를 품고 수개월을 눈만 먹고
안으로 말을 거는 기억에 의지한다

수컷이 품은 건 새로움의 시간

암컷이 돌아오기 전까지
내가 품기 전 알은 생명이 아닌 개체
알에서 깨어난 새끼에게
가르쳐 줄 수 있는 건 우리가 나눈 몸의 온기

내가 알고 있는 것들을 모두 토해내
너에게 먹인 건 한 끼의 식사가 아닌
호흡 하나 눈빛 하나
이 영하의 기온에서 얼지 않는 법

온전하게 그렇게 홀로 걷는 법

멈춘 차 밖,
나를 이끄는 혹한의 바람과
그래야 건너갈 수 있는 신호 하나를 뒤에 두고
누군가의 황제였을 수컷 하나
길을 나선다

단단하게 얼어붙은 기억을 깨며
바다로 향하는
우리의 허들 이야기

*알을 품고 있는 수백 마리의 수컷들이 서로 몸을 밀착하고 서서 천천히 주위를 돌다가 바깥쪽에 서 있는 개체가 체온이 낮아지면 안쪽에 있는 개체와 자리를 바꾸면서 전체 집단의 체온을 계속 유지하는 것.

가족관계증명서

동사무소 직원에게 물었다
내가 낸 세금이 얼만데 병원비 좀 도움받겠다고
이리 할 말, 안 할 말 다 해야 하는 거냐고
아들, 딸이 뭐하냐고도 묻는다
단절이니 해체니 하는 말은 듣고도 잊어먹을 일
술술 풀리는 화장지 같던 시절은 어디에 두고 왔을까
동사무소 화장실에 쭈그리고 앉아 생각한다

수년 치 통장기록을 뒤져봐도
아무리 통화기록을 찾아봐도
우리가 가족이란 말은 없고
관계란 힘주며 용을 써도 시원하게 나오지 않는
항문 속을 보여주는 일
기록 몇 줄로 채워지지 않는 먹고사는 일
소명서라 읽는 종이 한 장을 쥐고
관계없는 가족이란 말을 꾹꾹 눌러 쓴다
적어놓은 이름에 걸려 넘어지지 않길
마지막까지 힘을 줘 밀어낸다

오늘이 툭 하고 떨어진다

칠불사 부처님

 허공에 뿌려대는 쌀 몇 톨을 사이 희고 빨간 천으로 대나무에 걸려 흔들리는 하루. 중심 없는 것은 밖에 두고 들어오라는데 일 때문에 간 나는 잡스러운 생각만 들고. 입구에서 만난 입간판 켜켜이 쌓인 먼지에 칠칠치 못한 중생들 아무리 봐도 구제해줄 것 같지 않아 그래도 여기는 일곱의 부처가 살고 있다는 칠불사.

 성지 순례자처럼 경건하게 보려 해도 자꾸만 칠불사가 신용불량자로 그렇게 신불자로 읽히는 건 없는 신앙 때문일까. 한참을 물어 내가 찾은 곳이 신불자든, 칠불사든 지금은 사주 관상 작명 이사 궁합 못자리 액땜의 일곱 부처가 산다는 이곳. 내가 전해준 기초연금 신청안내문이 더 반가워 이달부터 여덟 번째 부처가 될 거라고 내 손 잡아 흔들며 반기는,

 호적이 네 살이나 적어 손해가 이만저만이라는 칠불사 부처님을 만난다.

고 씨 할아범

이른 새벽의 마른기침이 툭 툭
굳어가는 시간의 관절을 일으킨다

접힌 허리를 펴 바라보다
한 집 건너 자리한 어둠 사이
누구보다 일찍 시작하는 길을 따라나선다
흐릿한 시선은 한 발 걸친 문밖에 두고
발걸음 소리는 눈보다 밝아 할아범을 기다린다

슬그머니 흔들어 보는
내 다녀오리다
할멈에게 보내는 손짓에 피는 꽃 하나
슬며시 문턱을 넘는다

허허벌판 끝 절벽
그곳에서 만난 독수리라면,
날이 밝아 오기까지
지 혼자 지켜내던 티브이에서 만난,
바위 모서리 한편에서 날아오르는 저 날갯짓

한 번쯤 잡아보고 싶다

할멈의 굽은 허리를
날개처럼 펼쳐 날아오를 수 있을까
흔들리다 이내 녹아내리는 눈발 사이로
혼자 맞는 내일일까 싶어 돌아보는 발걸음

줍지 않아도 쌓여가는 숨소리가
손수레 바퀴를 천천히 밀고 간다

꽃이 피다

조용히 바라본다
한쪽에 핀 꽃

가만히, 동그랗게, 웅크린
꽃의
향기를 맡는다

되짚어 헤아려보던 골목
뒤돌아본 시간에서 마주친 툇마루 높던 집
무릎 베게 해주던 살냄새
그렇게 누워있던 나

지난날 먹기 위해 살던 시간은
헤진 뒤꿈치로 굳어지고
넘긴 달력 속 동그라미 친 약속처럼
천천히 잊어가는 일이란 걸

따뜻한 기억 속
모락모락 피어난 꽃 하나

툭 하고 떨어진다

어머니의 등을 닦는다
꽃이 떨어진다

노량진

말라 죽은 풀도 먹이가 된다

바람에 휩쓸리는 마른 풀 따위가
생명을 가지기란 요원한 일
우리는 젖어 흐르는 생명을 등에 이고
걷는 법을 배웠다

사막에서 무성한 잎이란 꿈처럼 잡을 수 없고
때때로 선인장 가시가 고향으로 가는 표식처럼
입안에 새겨지는 밤
걷는다는 건 아련하게 앞만 보다
둥글어져 가는 것
모래가 내 발밑에 둥글게 말려 있다
조금씩 밀려난다

돌아보면 작은 바람에도 지워졌던 발자국들
바람이 부는 순간마다
모래와 내가 하나가 되듯 눈을 감고
긴 눈썹 사이 측량할 수 없는 그리움을

등에 얹어 떠나는 길

내가 가는 곳의 길을 찾는
이곳,
꽃을 피울 수 있을까

말라 죽어도
사막을 떠나 살 수 없는 발걸음이 있다

현수막에 대한 변명

당신, 어느 줄이든 매달려 흔들렸던 한철의 목숨
신장개업 특별할인은 미분양 특가로 진행 중인 아파트와 마주 보고 있다
시작과 끝이 길을 건너다 마주 본다
무엇인가 자꾸 말하려고 하지 마
들을 준비가 되어 있지 않은 길을 보며
아직, 아니 아직도, 생각은 서커스 공연장 외줄처럼 팽팽하고 또 위태롭다

가슴에 나란히 새겨 넣은 귀 사이로 낮과 밤이 머물다
가끔은 수긍하듯 흔들리는 시간도 지나면 안다
뒷면에 새겨진 '시내0074'
칠십 네 번째로 시내에 내걸려 나의 할 일은
낮과 밤이 지나고 그대와 또 그대가 지나가고
그렇게 하루 이틀 누군가의 이야기를 하염없이 들려주는 것
그렇게 내 이야기로 마무리하지 못하는 숙명에 대해

오늘 하루도 안녕

믿을 구석이 없다

 나는 종종 치매 걸린 개처럼 집을 나갔다. 집 밖에서 만난 가장 가까운 생각을 따라가 보면 헉헉거리는 숨소리가 들릴 것 같아. 설거지하듯 씻어내고 싶었지만, 거품 속으로 미끄러지는 아침.

 정액을 닦아낸 휴지처럼 떨어지지 않던 발걸음. 나는 집 안 누구도 듣지 않는 이야기를 받아 적고 있다. 세상 제일 각진 이야기를 듣다 꺾어진 시간을 쫓아 그늘을 찾아다닌 점심.

 구석을 만나 밤꽃 향기 가득한 눈웃음을 지었다. 향기 어린 날들 사이에 갇힌 발자국이 보였다 사라졌다. 이름 모를 남자의 이야기가 머물다 구석을 맞추지 못한 문을 조용히 닫고 사라지는 저녁.

 나는 오늘도 믿을 구석이 없다고 생각했다.

혼자 레스토랑에 간다

혼자 레스토랑에 간다
바라보는 당신, 싫어지는 시선에 갇힌 오후
지금, 혼자인 거죠
당신은 마스크로 입을 가리고 선글라스로 눈을 피하고
소스를 뿌리듯 적당한 거리는 관계 위에 놓아두죠
적당히, 적당하게, 중요하게 지키며 숨 쉬는 일

공원에서 혼자 걸어가다 만난
비둘기는 다가가면 날아오르지만
어떤 비둘기는 길들었다고
다가오는 일에 더 익숙한 오후
익숙함의 손짓발짓 틈바구니
말이 없는 이곳 나만 혼자인 비둘기죠

혼자는 표시를 남기는 것
무리 지어 먹는 비둘기가 아닌
나,
구 구 구

구석진, 여기
소리 없이 고개를 숙이고 혼자 먹는
이곳, 레스토랑
정제된 설탕 하나
감정은 각 잡힌 설탕 하나면 족하다는 걸 배우죠
부서지기 쉬운 나를 붙잡는
포장지를 벗기는 시간

여기저기
무언의 식사가 한창이다

말짱 도루묵

육지만 바라보며 헛손질하던 당신
줄줄 부리던 주정(酒酊)처럼 나를 낳았죠
아무것도 잡히지 않아
당신이 흘린 말만 하나둘 주워 담던 하루
이렇게 당신과 나는 도루묵을 잡습니다

당신은 덜 자란 나를 두고 어디로 갔을까요
사시사철 푸른빛 감도는 담벼락
층층이 열린 입구는 이야기를 담고
머뭇거리며 들어보는 파도 소리에
어릴 적 윙윙거리며 우는 내가 보였죠

언덕 밑에서 보면 푸른 은하수가 펼쳐진
파도가 수시로 드나들던 내 안
나는 지금,
가라앉아 있는 당신을 마십니다

집어등을 켜고 바다에 떠 있는 일처럼
어디라노 떠나지 못하는 오늘
말짱 도루묵입니다

윤달, 개장 신고를 하다

한 장의 종이로 살아있는 나와 죽은 부친과
이름도 가물거리는 조부의 삶이 이어졌다
정자체 수기로 적어 내려간 짧은 기록
박제된 족보의 활자들이 다시 기지개를 켜고
전립선이 부실하다는 진단을 받기 전 한 시절
엿장수 맘대로 살았던 일가(家)는 출생과
혼인을 거쳐 사망으로 가는 길에서
꼬리를 흔들며 안부를 전하다.
삼대(三代)의 일대기는 이제 뒷장을 넘긴다.
묻힌 것들을 꺼내 다시 태우는 일이란
무성한 잡초가 주인을 모른 채 자라나는 것
이 길을 다시 걸을 수 없는 나와
누워있는 부친과 기억 없는 조부의 머리 위 태양이
무작위로 뜨겁다.
이렇게 뜨거운 관계를 혈연이라고 부르던 사람들
죽어서도 짐이 되는 사람들
그 기억들이 용서받는 달,
살아가면서 가외로 더한 달

윤달엔 죽은 자의 기억을
일으켜 세워도 용서가 된다

심인 尋人

검지 하나로 모든 정보를 관찰하고
기록한다는 그녀가 사는 이곳

정글 숲 척추동물 중 고도로 발달한
촉을 가진 포유동물
동물계에서 가장 높은 계급의 그녀

관찰의 순간마다
혹여 불손해질까 회개하듯
남은 네 손가락과 자신을 마주 보게 하는 그녀
틈 없이 휘몰아치는 누우 떼의 행렬 속
포식자를 앞에 두고 엎드려 죽은 척만 가능한
초원의 풍경 뒤
그림자 하나가 누워있다

구석 어딘가 적당하게 보이는 자리에 있는 그

뒤에도 나란히 있는 두 눈
또다시 진화하는 그녀,

종을 초월한 걸까

태초 유목생활遊牧生活에 적합하고
아열대를 좋아하는 그의 원죄로
그녀의 설교로 다시 태어나 시작하는 하루

매일 아침 단신의 뉴스 한 줄
소나기처럼 지나간다

먹이를 향해 가슴을 두드리며
목숨 걸고 달려가는
남자를 찾습니다

엘도라도 모텔

  엘도라도에 가려면 먼저 동사무소에 들러야 해요
  가족관계증명서를 내보여야 하룻밤 머물다 갈 수 있는 곳 당신은 신분을 알 수 없군요 혼자인가요? 내가요? 아니요 혼자 잘 거냐고요? 혼자가 되고 싶지 않아요 작게 말했죠 침대에 누워 엘도라도가 엘도와 라도가 함께 살던 곳일 거란 생각을 해요 돌려진 채널 마주한 여자는 지중해가 보이는 곳이 엘도라도라며 어서 가보라네요 저 사람은 모르죠 내가 온 곳이 지중해고 지금 여기가 엘도라도란 걸, 엘도와의 관계를 알고 싶어요 가족관계증명서엔 뭐라고 나올까요
  형제는 알 수가 없어요 형제는 남이거든요 가족관계를 찾을 수 없다며 직원은 말했죠 엘도만 알던 라도의 밤은 다시 길어졌어요 엘도와 라도의 관계를 알지 못한 밤 나는 엘도라도에서 잠을 청해요
  못다 찾은 나는 동사무소에 두고 남처럼 낯선 꿈이 생길까 기대되는 여기는 엘도라도예요

■□ 해설

사랑의 숭고를 향한 유랑의 여정

한용국(시인, 문학평론가)

1

　지구가 포함된 태양계의 행성 자전은 동에서 서로 이루어진다. 태양 탄생 후 같이 회전하면서 수축하는 과정을 통해 만들어졌기 때문에 공전 방향과 자전 방향이 태양과 동일하기 때문이다. 그러나 금성과 천왕성은 다르다. 서에서 동으로 반대로 자전하는 것이다. 그 원인은 밝혀지지 않았지만 자전축이 기울어져 있기 때문이라고 한다. 즉 금성과 천왕성에서 지구를 보면 우리가 거꾸로 돌고 있는 것이다. 물구나무서서 돈다고 생각하면 이해가 쉬울 것이다. 어쩌면 시인은 행성 속 금성과 천왕성과 같은 존재가 아닐까. 이유는 알 수 없지만 기울어진 축을 갖고 살아가게 된 사람들에게 세계는 기이하고 낯선 곳일 수밖에 없다. 행성의 축이 기울어진 이유를 알 수 없는 것처럼, 시인에게도 마찬가지다. 어느 날 시인은 그야말로 낯설고 기이

한 세계에 던져졌다. 하지만 이 던져짐은 역설을 품고 있다. 내부에서 외부로 던져진 것이 아니라 내부에서 내부로 던져졌기 때문이다. 그러므로 돌아갈 수도 없고 벗어날 수도 없다. 이런 상황에 처한 존재가 할 수 있는 일이란, 떠도는 일일 뿐이다. 이는 조선시대 형벌의 하나였던 유배와도 비슷하다. 어느 한정된 지역에 유배된 자가 할 수 있는 일이란 무엇이었을까. 자신이 떠나온 세계, 또는 지향하는 세계를 그리워하며 끝없이 유배지 내부를 맴도는 일밖에는 없다. 그런 유랑의 형식을 통해서 내적으로 초월하는 일, 혹은 초월의 의지를 다지는 일이 유배된 자들의 삶이었다. 홍철기 시인의 시집 『파프리카를 먹는 카프카』 또한 마찬가지다 유랑만이 존재의 형식이 되어버린 시인은 그렇게 자신이 던져진 세계를 떠돌면서 하나하나 유랑을 기록해 나간다.

> 두오모 성당의 첨탑이 낯선 발자국을 반겨준다
> 성당이 성性스럽게 맞이하는 모텔
> 액자를 보는 것만으로
> 우리는 기도하는 자세가 되고
> 최후의 만찬을 즐기듯 여기에 있다
>
> 밀라노에 간 건 비 오는 수요일 저녁

비가 오면 장화를 신어야 한다는 여자의 말에
손을 잡고 장화를 사러 온 우리
누구도 묻지 않는 질문에 답을 준비한 밤
밀라노라서, 처음이라서,
밀려드는 어색함을 끌 수 없는 밤은 깊다

사지 않아도 산 것 같은 기분이 드는
여기, 언제나 비가 왔다
비가 오면 중독된 것처럼
비음으로 흘러나오는
밀라노
아, 밀라노

죄를 씻어낼 수 없어 서로의 몸에 물을 부었다
당신의 몸에서 나는 물비린내가 좋아
너무 좋아 물이 되어 흐를 것 같아
당신은,
밀라노라서 가능한 일이라고 했다

물속에서 물처럼 흐르다 만난 당신
서로의 벗은 몸을 어루만진다
가본 적 없어

떠날 수도 없는 이곳

모텔 밀라노

-「모텔 밀라노」 전문

 밀라노는 북부 이탈리아의 도시이고, 그곳에는 시에 등장하는 두오모 성당이 있다. 고딕 건축 중 최대의 규모를 자랑하는 성당으로, 크기로는 세계에서 세 번째에 해당한다. 건축기간도 약 600여년에 걸쳐있고, 나폴레옹의 대관식과 성어거스틴의 세례가 이루어진 곳이기도 한 유서 깊은 장소다. 모든 예수품의 관람이 그러하듯이 두오모 성당이 펼쳐내는 위엄은 직접 그 앞에 서 봐야만 알 수 있다. 날카롭게 솟은 첨탑들과 성당의 압도적인 위용은 신자가 아니라 하더라도 일종의 성스러운 체험 속으로 보는 이를 인도한다. 그러나 이 두오모 성당은 실재로 밀라노에 있지 않다. 모텔 속 방의 액자 속에 사진으로 존재한다. 시인은 이탈리아 밀라노가 아니라 모텔 밀라노에 있는 것이다. 두오모 성당 앞에서 시인과 여자는 어떤 성스러움(?)을 느끼고 있는 것이다. 그리고 그 성(聖)스러움은 두 존재의 사랑의 행위의 성(性)스러움으로 겹쳐진다.
 두 사람의 사랑은 바로 그 "두란노 성당" 액자 때문

에 "기도하는 자세"나 "최후의 만찬"같은 성스러운 행위가 될 수 있게 되었다. 그리고 그날은 비가 내리는 수요일이다. 수요일이 어떤 함의를 품고 있는지는 알 수 없지만, 그것은 적어도 물과 관련되어 등장한 것으로 보인다. 비 혹은 물은 이 시에서 사랑의 행위를 축복해 주는 성스러운 어떤 것으로 기능한다. 그러나 이 사랑은 일종의 죄의식을 촉발하는 사랑이다. "비가 오면 중독된 것처럼/비음으로 흘러나오는/밀라노/아, 밀라노"에서 보이듯, 밀라노는 두 사람의 사랑의 기원적 의미를 지니고, 그 기원에서 촉발된 질문이 "누구도 묻지 않는" 질문인 것이다. 그리고 "준비된 대답"은 두 사람의 만남으로만 가능하지만, 거기에는 어떤 죄의식이 깔려 있다. 왜냐하면 그것은 "밀라노라서 가능한 일"이기 때문이다. 즉 "밀라노"가 아니라면 허용되지 않는 일인 것이다. 모텔 "밀라노"는 그렇게 "성(性)"과 "성(聖)" 사이에 존재한다.

  그렇게 "서로의 몸에 물을 붓는" 두 사람의 사랑은 세례의 이미지를 통해 어떤 정화의식으로 나아가는 듯 보이지만, 그것은 시인에게 혹은 두 사람에게 한순간의 일일 뿐이다. 왜냐하면 "모텔 밀라노"는 "가본 적 없어/떠날 수도 없는" 장소이기 때문이다. 즉 존재하는 동시에 존재하지 않는 장소인 것이다. 그렇다면 두 사람의 사랑은 실제로 일어났던 일일까? 그것조차 분명하지 않다. 그것은 상상과 현실 사이에 각각 물처럼 흘러내리는 사랑이다. 어쩌면 유랑의 삶에서는 사랑조차도 유랑의 한 형식이 되어 버린다. 그러므로 "물속에서 물처럼 흐르다" 만난 존재들인 것이다. 물의 만남과 헤어짐을 생각해 보자. 어디서부터가 만난 지점이고 어디서부터가 헤어진 지점이겠는가.

    이곳은 밤이다
    마음이 저물어 밤인 곳
    듣지 못한 다짐을 놓고 떠나는 사랑이 있다

    내가 들고 있는 표가 편도란 걸 알지 못한 시절
    분분히 떨어지는 꽃잎을 밟고 걸었다
    걷다 멈춘 발길이 구석에 흘린 글자에 걸려 넘어진다

    돌아가고 싶다
    바닥에 적힌 이야기가 나를 덮고 눕는다

    지금은 밤일까
    내일은 하얀 재만 남을까
    무수히 보낸 안부는 돌아오지 못한 채
    몸 어딘가 새겨져 있는 흉터로 아프다

여전히 꽃이 될 수 없을까
피었다 진 적도 없는데
여전히 나는 밤이고 보이지 않는다
묻고 답하지 않는
그래서 말없이 내게로 온 것들을 잊었다

암호처럼 우리는 서로를 해독하다
너를 눕힌 언어 위로 내가 눕는다

몸보다 말이 먼저 더듬는 밤이다

―「모텔 시크릿」 전문

 다시 모텔이다. 모텔은 유랑하는 자가 유일하게 쉴 수 있는 장소이다. 그러나 그 모텔은 "시크릿", 비밀의 장소다. 추방된 자가 추방된 사실을 감추어야만 하는 장소인 것이다. 그러므로 그곳은 언제나 밤이다. "마음은 저물"어 있고, 언제나 "듣지 못한 다짐을 놓고 떠나는 사랑이 있"는 곳이다. 시인에게는 사랑마저도 정주가 허용되지 않는 것이다. 그리고 그의 유랑은 언제나 "편도"일 뿐이다. 돌아갈 곳이 있는 자의 떠남은 여행이지 유랑이 아니다. 유랑은 돌아갈 곳이 없는 존재의 형식이다. 사랑은 언제나

"떠나는" 형식으로만 존재할 뿐이고 그마저도 허구의 형식으로 존재한다. "이야기"가 그것이다. "이야기"만큼 유랑의 형식을 가장 잘 드러내 보여주는 것이 있겠는가. 존재하면서도 존재하지 않는, 기원을 알 수 없으며, 지향점도 존재하지 않는 "이야기" 속에 시인은 머무르고 있다.

그 "이야기"에 걸려 시인은 넘어졌다. "돌아가고 싶"지만, 끝내 "바닥에 덮인 이야기"를 덮고 살아가고 있다. "사랑"은 떠나고 "이야기"만 남았다. 어쩌면 그 사랑도 있었는지조차 알 수 없다. 그래서 다시 의심한다. "지금은 밤일까", 밤 속에서 밤을 다시 의심하는 것이다. 그러니 내일을 알 수 없다. 유랑하는 존재에게 타인이란 다만 스쳐가는 존재일 뿐이다. 어떤 안부도 시인에게 도달하지 못한다. 그 회신불가능성 때문에 다시 시인은 아프다. "꽃이 될 수 없을까"라고 시인은 스스로 묻지만, 무의미한 질문일 뿐이다. 애초부터 "꽃"이 될 수 없었으니, "피었다 진 적"이 없는 것이다. "피었다 지는" 꽃은 유랑이 아니라 정주의 형식이기 때문이다. 그러니 세계와 상관없이 시인은 "밤"이고 "보이지 않는다". 당연히 "말없이 내게로 온 것들"을 잊어야 한다. 어쩌면 온 것들 자체가 없었는지도 모른다. "암호처럼 우리는 서로를 해독하"는 "우리 서로"는 "나"와 "너"가 아니라, "나"와 너의 이야기" 또는 "흔적"이다. "나"는 "너"를 눕힐 수 없고, 다만 "너를 눕힌 언어"

위에만 누울 수 있을 뿐이다. 그러므로 "모텔 시크릿"의 어느 객실은 시인이 홀로 누군가의 "말"을 더듬는 고독한 유랑의 장소일 뿐이다.

2

"내성(耐性)"이라는 말을 생각해 보자. 사전에서 생명의 항목에는 두 가지 뜻으로 풀이되어 있다. 하나는 세균 따위의 병원체가 화학 요법제나 항생 물질의 계속 사용에 대하여 나타내는 저항성이고, 다른 하나는 환경 조건의 변화에 견딜 수 있는 생물의 성질이다. 요약하면 저항과 견딤이라고 볼 수 있을 것이다. 세계의 내부로 추방된 자, 그리고 그 세계를 견디는 자를 이 세계에 대하여 하나의 병원체로 비유하는 것이 가능할까. 끝없이 면역체계와 싸워야 하는 병원체와 같은 존재로서 시인이 저항하고 견뎌 나가는 방식은 어떤 것일까?

> 색깔별로 출근하는 파프리카는 효능이 다르니 주의하세요
> 주황색 파프리카 안전띠를 두르고 면역 수치 안전하게 출발하는 월요일
> 수요일쯤이 되면 무기력해지는 당신을 위해 빨

간색의 강력한 항산화로 무장시켜 줄게요
 스트레스가 어깨에서 머리끝으로 월경하지 않도록 금요일 오후엔 노란색의 안전모를 쓰죠
 파프리카 나의 파프리카 안전구호를 외쳐야 해요

 파프리카 파프카 카프카
 당신은 변신의 귀재
 쓰임이 다르지만 어느 다리든 밀고 나서기 좋은 아침이죠
 창문마다 눈뜨는 요리법을 커튼처럼 펼치고
 지하철에서 파프리카를 먹는 카프카처럼 출근 중이죠

 파프리카의 씨를 심어요
 먹기 불편한 씨가 먹기 좋도록 무럭무럭 자라면
 속 빈 일주일을 단단하게 보이도록
 매일 매일 파프리카를 먹는 카프카
 파프리카를 곁들인 카프를 즐겨 먹는
 불안하지 않은 나의 카프카

 -「파프리카를 먹는 카프카」 선문

"파프리카"와 "카프카" 사이에, 추방된 자의 실존이 있다. 하지만 그 실존은 텅 비어 있다. 다만 달라지는 것은 색깔뿐이다. 그것은 일종의 보호색과도 같은 것이어서 월요일에서 금요일까지 내부의 텅 빈 공허를 들키지 않기 위한 전략으로 기능한다. 파프리카와 카프카는 어떤 공통점도 갖고 있지 않은 명사지만, 내부의 공허로 인해 겹침이 가능한 실존으로서의 명사인 것이다. "파프리카 파프카 카프카"에서 보이듯 그 내적 공허는 외적 경계를 기표적 차원에서 겹쳐들게 만들어 내부를 공유한다. 보호색으로 세계의 면역체계에 대항하면서, 실존의 공허를 내부에서 꽉 움켜쥐며 견뎌내는 내성을 지니고 있는 것이다. 그 내성 속에서 파프리카와 카프카는 끝내 하나가 된다. "파프리카를 먹는 카프카"의 내부에 자라는 "파프리카의 씨", 그래서 "카프카" 속에 자라나서 "카프카"가 되고야 마는 "파프리카", "파프리카"와 "파프리카" 사이에 "카프카"는 존재하는 동시에 부재하는 실존이다. 그것을 '공허의 내성'이라고 명명하는 것도 가능할 것이다. 마찬가지로 시인 또한 "카프카"와 "파프리카"이기도 한 동시에 "파프리카"와 "카프카"가 아니기도 하다. 아니 어쩌면 그 사이에 존재하고 있을 수도 있다. 그러나 그 존재는 언제나 흔적으로만 나타난다. 생각해 보면 그렇다. '흔적'이라는 말만큼 실존을 잘 대변하는 말이 있을까.

한때는 이 의자도 빛나는 각을 가졌다

중심이 흔들릴 때마다 사각사각
시간은 각진 사연을 둥글게 깎아 냈다
한순간의 선택이 기울어진 길에 놓였고
나는 그 마음을 모른 척 등진 채 살았다

조금 더 깎아 내면 마음에 닿을지 몰라
제각각 다른 길 걸어와도 아픈 발처럼
모르는 내일이라도 성큼성큼 떠나봤으면
가늘어지는 머리칼이 빠질 때마다
묵주를 색칠하며 떠나는 밤의 시간은 깊어졌다

수시로 저만큼 떨어진 탱자나무에서 바람이 불었고
의자는 가시에 찔린 듯 묵묵히 웅크렸다
더는 각을 세우지도 않았고
이제는 내가 다가가 괴어놓은 시간이 늘어갔다

흔들릴 때마다 흔들린 자리에 더 마음 가는 일
눈잎에서 가늠할 수 없는 햇빛의 각도 뒤로
문을 닫고 떠나는 것들이 많아졌다

이제,

　　빈 의자에 내가 앉는다

　　　－「의자」 전문

 "흔들릴 때마다 흔들린 자리에 더 마음 가는 일"이 어쩌면 시인의 내성의 형식일 것이다. 의자는 "한때 빛나는 각"을 가졌으나, "중심이 흔들릴 때마다" 시간에 기대어 자신의 "각"을 "둥글게 깎아냈다". 그것은 시간의 침식에 저항하는 것이 아니라, 거기에 몸을 맡긴 채, 자신의 몸을 깎아온 것이다. 의자는 시에 따르면 시인의 부모 혹은 시인의 내력을 상징하는 것이겠지만, 중요한 것은 의자의 '몸'이 지니는 함의일 것이다. 시간이 흐를수록 텅 비어가는 내부로 인해 서서히 굽어지는 몸은 '몸'이자 '몸'의 흔적이다. 물성은 가진 것들은 흔적을 갖게 마련이다. 그러나 세계는 흔적을 용인하지 않는다. 다만 물성 그 자체만 인정할 뿐이다. 그러므로 시인은 "눈앞에서 가늠할 수 없는 햇빛의 각도 뒤로/ 문을 닫고 떠나는 것들"을 바라보며, "빈 의자에 내가 앉는다"라고 말하고 있다. 그 빈 의자에 앉은 시인 또한 물성으로 존재하는 것이 아니라 흔적으로 존재하는 것은 아닐까. 여전히 "저만큼 떨어진 탱자나무에서 바람이 불"고 있는 세계에서, 끝없이 흔적을 좇는, 혹은 흔적이 되는 시인의 시선(視線)은 그대로 시선(詩線)이 되어 있다. 그래서일까.

> 나는 때때로 별첨했다 머리맡에선 모하비 사막 구석으로 몰려다니던 마른 당나무풀이 자라나 불면이고 발끝에선 우기를 맞은 세렝게티 초원이 꿈처럼 범람했다 밤새 나에게 붙여진 각주를 찾아 떠났다 해독할 수 없는 해설로 길은 자주 갈림길에 섰다 서 있는 길마다 비가 내렸고 젖은 생각이 무거워 종종 지도를 놓쳤다 낙타의 혀로 감아올리는 노을을 등 뒤에 두고 고개 숙인 시간은 계절을 몰고 왔다 나는 사막의 모래를 만지듯 상처의 기억을 쓰다듬지 않았다 그해 여름, 어깨에 난 상처가 흉터로 남았다 건기의 모하비 사막과 우기의 세렝게티 초원처럼 마르고 범람하던 시절 뜨거운 흉터 사이로 그대가 떠나갔다 먼저 간 발자국을 더듬던 그 계절엔 걸음마다 지워졌다

－「길을 묻다」 전문

시인은 자신을 "별첨했다"고 쓴다. 하지만 이 능동사는

이상하게도 "별첨되었다"는 피동사로 읽힌다. "모하비 사막"과 "세렝게티 초원"은 혼란스러운 내면의 영토를 굴절시키는 표현일 것이다. 그 혼란 속에서 나는 끝없이 덧붙여지는 존재라는 인식이다. 그러나 그 존재는 직관적으로 파악되지 않는다. 끝없이 "각주가 붙는", 지연되는 방식으로만 파악된다. 그러니 아무리 해설을 찾아 떠난들 "해독할 수 없", 아니 "해독될 수 없"고, 길은 자꾸만 갈림길로만 퍼져나간다. 어떤 길을 선택한다 하더라도 그것은 '나에게 이르는' 잘못된 길이다. 그 '나'마저도 "시안의 숲에서 길을 잃고/소매치기 당한"(「시안」) '나'일 뿐이다. 그러니 "상처의 기억"을 쓰다듬는 일은, "사막의 모래를 만지듯" 무용한 일일 뿐이다. 그 모든 상처 또한 왜곡된 것 아닐 것인가. 그러니 "지도"는 "놓치는 것"이 아니라, 사라지는 것이다. 한 걸음 나아갈 때마다 지도가 사라지는 생은 비극적이다. 그 속에서 시인은 "과적으로 침몰 중인 비릿한 식욕"(도축일기)과 "굳지 않는 핏줄을 빨아먹는 꿈"(「도축일기」)와도 싸워야만 한다. "상처가 흉터로 남는다"는 것은 어떤 의미에서 "상처 없는 흉터"라는 역설을 상기시킨다. 상처는 없지만 흉터는 남았다. 흉터야말로 흔적이며, 분명히 존재하지만, 쉽게 잊히는 자국이다. 시인에게 이 세계에서의 삶은, 그런 것이다, 사연은 사라지고 흉터만 남은, '흔적'인 동시에 아련한 물성을 환기시키는, 상

태로만 존재한다. 하지만 다시 역설적으로 그 아련한 흔적의 물성이 이 세계에서의 삶을 견디게 하는 내성의 빛이다. 그리고 그 내성의 빛은 미리 말하자면, "사랑"이다.

3

이제 시인의 사랑에 대해서 이야기해야만 한다. 이 시집은 "당신"에게 바친 시집이라고 해도 과언이 아닐 정도로 한 사람 혹은 어쩌면 수많은 '당신'이 등장한다. 그리고 시인은 한 번도 그 당신에게 도달하지 못한다. 설령 잠시 도달했다 하더라도 끝내 그 '당신'은 떠나가 버리고 만다. 하지만 시인이 그 '당신'을 그리워하는 방식은 '당신'에 대한 그리움이 아니라, 당신이 떠난 자리에 대한 그리움의 방식이다. 언제나 "그대 보내고 해 보는 일이란/근처한 줌의 흙을 쌓아 올리는 일"(「마흔」)일 뿐이다. 왜 시인의 그리움은 '당신', 또는 '당신과의 사랑'이 아니라 '당신과의 사랑의 흔적'에 머물러 있는가. 도대체 이 "사랑의 흔적"을 통해 시인이 닿고 싶은 세계는 어디인가.

옷을 입다
문득,
떨어진 단추 자리

어디서 흘린 것인지

언제 내게서 떠난 것인지 모를

당신도 내 마음에

자국 하나로 남았다

벌어져 채워지지 않는

자리

바람 소리만

들어오고 나가는

오늘

-「자국」 전문

  이 시는 시인의 사랑에 대한 인식을 잘 보여주고 있다. "당신"은 끝내 "자국 하나"로 남았다. 그 "자국"은 끝내 "벌어져 채워지지 않는 자리"로 마음에 자리 잡았고, 거기에는 "바람 소리만 들어오고 나간"다. 그리고, "오늘"이다. 이 "오늘"은 단순한 하루가 아니다. 삶의 전부를 표상

하는 것이다. 그 "자국"에는 바람마저도 "소리" 즉 흔적으로만 존재한다. 문제는 그 사랑이 "어디서 흘린 것인지/언제 내게서 떠난 것인지" 모른다는 것이다. 이별은 분명히 존재하지만, 이별의 기원은 없다. 그렇다면 사랑도 애초에 없었던 것일까? 아니 있었다. "누군가 곁에 있었으면 좋겠다"(「곁」)에서 보이듯 분명히 존재했었다. 하지만, 과연 존재했다고 말할 수 있는 것일까? 같은 시 "어디서부터 온지 모를 아득함으로/끝내 넘지 못할 기다림으로/ 파도의 곁이고 싶다"(「곁」)를 보면, '당신'은 내 곁에 존재했으나, '사랑의 대상'은 아니었다. 다만 시인은 "그대 곁을 더듬으며/한 호흡, 한 호흡마다/떨궈놓은 생각"(「곁」)을 사랑하고 있다. "밀려왔다 밀려가"(「곁」)는 "당신"은 그러므로 존재하지 않는다. 다만 사랑의 흔적일 뿐이며, 좀 더 정확하게는 '시인 자신의 사랑'의 흔적이다. 그러므로

> 푸른 보리밭 사이
> 걷다 돌아보며 건넨
> 함께하자
> 알알이 굳건한 말
>
> 끓어오른 물은 물빛을 잃고
> 내가 건넨 말의 빛으로 물든다

― 「보리차」 부분

처럼, "끓어오른 물은 물빛을 잃고", 사랑은 이루어지지 않고, 다만 "내가 건넨 말의 빛"만 남아 있을 뿐이다. "나는 그대로/ 그대가 되"(「보리차」)지만, 그것은 결국 '그대'가 되는 것이 아니라, '사랑하는 나'가 될 뿐이다. 그러니 당신은 "한 척의 쇄빙선"(「유빙을 만나다」)처럼 언제나 떠나가는 존재일 뿐이고, 나는 "뒤에 남아 떠나가는/석양의 어깨를 배웅"(「유빙을 만나다」)할 수밖에 없다. "더는 따라갈 유빙이 없어/눈보라의 울음으로 지쳐 잠든 밤"(「유빙을 만나다」)을 견디는 이는 아마 시인일 것이다. 더구나 "내 안에 잠든 당신"마저, "조금씩 얼음 속에서 떠나려 한다"(「유빙을 만나다」)니! 끝내 부여잡고 있는 당신의 흔적조차 떠나려 하고 있을 때, 시인이 취할 수 있는 행동은 무엇인가. 아마도 스스로 유빙이 되는 것, 그 얼음 속에 당신에 대한 사랑을 품고 떠도는 것밖에는 없을 것 아닌가. 당신은 존재하지 않고, 당신에 대한 사랑만 있다. 그러니, 끝내 "당신 곁으로 쌓이지 못한다".(「첫눈」) "그 자리엔 마치 처음처럼/다시 바람이 불고/나는 당신 곁에서 쌓이지 못"(「첫눈」)한 채, 끝없이 당신의 곁으로만, 당신의 흔적 주위로 흩날릴 뿐이다.

이 사랑의 비애는 때로는 "지금, 우리 관계는/거품 위 거품 속/어디쯤일까요"(「커피믹스를 마시다」)처럼, 절망으로 침윤되기도 하고, "아직도 녹지 않는 관계가 한가득 합니까"(「염화칼슘을 뿌려주세요」)같은 어떤 절규로 드러나기도 한다. 그러나 그 흔적에 대한 그리움으로 좌절하고 탄식하고 있지만은 않다. 사랑의 흔적에 대한 그리움은 "미안해/당신이 내게 안부를 묻자/나는 당신을 온몸으로 품었다//당신이 내 안에 깊고 넓게 물들어 간다"(「달이 바다에게」)에서 보이듯 시인은 '당신'이 아니라 '당신에 대한 사랑'으로 전환시키고, 다시 합일에의 열망을 통해서 극복해 낸다. 그 합일의 길은 "처마 밑이나 전신주 끝에 서서/당신이 내어주는 틈으로/느리게 가는"(「하루」) 길이다. 그 합일에 대한 열망의 길 끝에는 무엇이 있을까. 어쩌면 그 세계는 시인의 유랑이 끝내 가 닿고 싶어 하는 유랑의 바깥은 아닐까? 떠나온 적 없으나 돌아가야 하는 숨겨진 기원으로서의 장소는 시집에서 「섬」이라는 공간으로 드러난다.

> 단아한 백자 사기그릇 위 정갈하게 놓인 반찬처럼
> 조개와 모래 그리고 몇 그루의 소나무가
> 큰 소리 내지 않고 살아가는 곳
> 햇빛에 몸을 맡기고 뒤척뒤척

젖은 생각도 같이 말리면

더불어 심호흡 편안해지는 오후

그곳에선 이유도 모르고 내달렸던

사춘기 같은 세찬 시절의 바람을

온몸으로 다 안아줘야 하지만

상관없다

비릿한 안부 안주 삼아 막소주 한잔에도

쉽게 어깨를 펼 수 있는 밤과

쳐다보면 부끄럽다고 구름 사이로 숨어버리는

첫사랑 같은 달빛

살아온 날들 살아갈 날들에 푸른 밑줄 그으며

잊지 말자 다짐받듯 푸른 솔잎 몇 장 건네주는

착한 소나무 같은

그대가 있는 곳

그곳에 가고 싶다

−「금일도」 전문

「금일도」는 소박하고 정갈하며 평화로운 삶이 펼쳐지는 곳이다. 오로지 내성으로만 견뎌온 삶을 드디어 내려놓을 수 있는 곳이자, 비로소 당신과 함께할 수 있는 곳이다. 여기서는 "세상과 한판 치열하게 부딪쳐야 속이 시원할 것 같은 시간"(「시인의 말」) 같은 강박도 존재하지 않고, "힘들고 지쳐 바라보는 하늘"(「시인의 말」) 대신, "첫사랑 같은 달빛"의 설레임 속에서, "살아온 날들 살아갈 날들"에 비로소 "푸른 밑줄 그을" 수 있는, 온전한 삶을 영위할 수 있는 곳이다. 이 유랑의 '바깥'에서, 시인의 '당신'은 실재하는 감각으로 "푸른 솔잎 몇 장 건네주며" 시인의 곁에 등장한다. 바로 이 '바깥', 충만하고 소박한 사랑의 세계에 대한 소박한 바람이 '당신의 흔적'을 끌어안고 유랑해야만 하는 생을 견디게 해 주는 '내성'의 빛인 것이다.

   그리고 놀라운 반전이 일어난다. 이 시집의 사랑의 비애는, 「금일도」에서 다시 시작된다. 시 「금일도」을 읽고 난 후, 아니 시 「금일도」를 통과하고 난 후에야 놀랍게도 시인이 여러 시편에서 노래한 사랑의 비애, 아니 '사랑의 흔적'에 대한 그리움들에 변화가 일어나는 것을 볼 수 있는 것이다. 그것은 어떤 숭고에 대한 목격이다. 그러나 그 숭고는 압도적인 것이 아니라 친밀하고 작은 숭고다. 그것은 돋을새김의 형식으로 이루어진다. 보라, 시편들을 다시 읽어내려갈 때, 시의 여백에서 '흔적'으로만 존재하던 당신이 서서히 형체를 갖추며 일어선다. 그리고 시인을 "다시, 일으켜 세워주고, 어깨를 잡고 등을 두드려 주"며 시인의 곁에 선다. 그러자 그 '당신' 속에서 비로소 '흔적'으로 유랑하던 시인이 서서히 몸을 일으켜 세계 속으로 "걸어 나오는" 모습을. 어느 사이 세계 속에, 그리고 우리 곁에 시인은 밝고 은은한 환대의 웃음과 함께 선다. 서서히 이루어지는 이 돋을새김을 숭고라 부르지 않는다면 무어라 불러야 할까.

4

시인의 그 걸음, 끝내 '사랑의 흔적'에서 몸을 일으켜 "사랑"을 통과해 나온 그 걸음은 이제 혼자만의 것이 아니다. 그것은 펭귄의 '허들'과 같은 걸음이다. 시인의 설명에 따르면 '허들'은 "알을 품고 있는 수백 마리의 수컷들이 서로 몸을 밀착하고 서서 천천히 주위를 돌다가 바깥쪽에 서 있는 개체가 체온이 낮아지면 안쪽에 있는 개체와 자리를 바꾸면서 전체 집단의 체온을 계속 유지하는 것"이다. 그것은 홀로 걷는 길이면서 함께 걷는 길이며 사랑의 숭고의 길이다. 그 걸음은 어딘가를 향하는 걸음이 아니라, 제 자리에서 홀로 걷는 동시에 함께 걸으며, 우리를 또 세계를 변화시키는 걸음이다.

내가 알고 있는 것을 모두 토해 내

너에게 먹인 건 한 끼의 식사가 아닌

호흡 하나 눈빛 하나

이 영하의 기온에서 얼지 않는 법

온전하게 그렇게 홀로 걷는 법

— 「황제를 위하여」 부분

 시인의 유랑과 사랑은 이제 "홀로 걷는 길"을 "온전하게 걷는 길"로 바꾸는 숭고의 밑자리가 되었다. "암컷이 돌아오기 전까지/내가 품기 전 알은 생명이 아닌 개체/알에서 깨어난 새끼에게/가르쳐 줄 수 있는 건 우리가 나눈 몸의 온기"인 것이다. 시인의 유랑과 사랑은 개체에서 생명으로 나아가는 통로가 되기 위해서 시인이 끝내 겪어야 했던 고통의 통과제의였다. 그리하여 시인은 폐지 줍는 할아버지의 할머니에게 보내는 인사에서 "할멈에게 보내는 손짓에 피는 꽃"(「고씨 할아범」)을 보고, 동네 점집에서 기초수급자로 근근이 살아가는 "호적이 네 살이나 적어 손해가 이만저만이라는" 이웃을 "부처님"(「칠불사 부처님」)으로 보는 것이다. 그 고통을 통해 시인이 배운 것은 "바람에 휩쓸리는 마른 풀 따위가 생명을 가지기란 요원한 일"(「노량진」)인 세상에서 "젖어 흐르는 생명을 등에 이고 걷는 법"(「노량진」)이며, "말라 죽어도/사막을 떠나 살 수 없는 발걸음"(「노량진」)으로 "내가 가는 곳의 길을 찾는/이곳/꽃을 피울 수 있을까"(「노량진」)에서 보이듯, 척박한 세계에서 끝내 희망을 포기하지 않는 힘이다.

여전히 시인에게 그가 걸어가는 세계는 "살다보면/어느 한 부분/고장 나야 올 수 있는 소행성"(「휴가 안내문」)이니, 여전히 추방당한 자로서의 유랑의 숙명은 계속될 것이다. 그래도 시인은 "피난민처럼 몰려오는", "빈 껍질만 남아 뒹구는 희망"(「철새를 만나다」)을 포기하지 않고, 계속해서 걸어갈 것이다. 그것은 시인이 "갈 곳이 없는지/명자국 같은 사연/하나둘 모여 불을 밝히고/마을을 이루고 그래서 한 세상/어우러진 잡풀처럼 흔들릴 때", "저마다 소금에 절인 마음 한 다발씩 묶어 쌓아두고 있는 마음"(「철새를 만나다」)을 유랑의 가슴속에서 깊이 내성(耐性)하고 있기 때문이리라. "아프리카 어느 가난한 농장의/작은 심장이/뜨겁게 내 목젖을 따라 내려간다"(「커피를 볶다」)에서 보이듯 그의 심장은 이제 세계의 비극과 하나가 되었다. 만약 "다시 태어난다면 조금 더 가볍게/떠오르는 웃음소리 가득한 허공에서 살아갈지 모르"(「비닐포대」)지만, 적어도 이 생에서는 시인은 "행간에 맞춰 꽃잎을 따고 시를 쓰고/각 잡을 일 없이 살아 각 안 나오는 내가/그래도 먼저 무릎 꿇지 않겠다/쪼그리 작업 의자에 앉"(「쪼그리」)는 삶을 살아갈 것이다. 그것을 나는 천왕성의 자전에 비유하고 싶다. 시인의 시들은 한 편 한 편 모여서, 종내는 거꾸로 도는 자전축이 되었다. 그러자 비로소 이 세계의 자전축이 온전한 방향을 꿈꾸며 기울기 시작하는 것이다. 이 모든 것이 어느 날 물구나무서기로 결심한, 혹은 운명에 의해 물구나무서기를 온몸으로 받아들인 한 시인에게서 비롯된 것이다. 나는 이 물구나무서기에 '사랑의 숭고'라는 이름을 붙이고 싶다. 그리고 나는 그것을 목격한 최초의 사람이 되었으므로, 앞으로 그 걸음을 따라 걸으며, 온전한 세계의 자전을 보는 즐거움을 누리고 싶다.